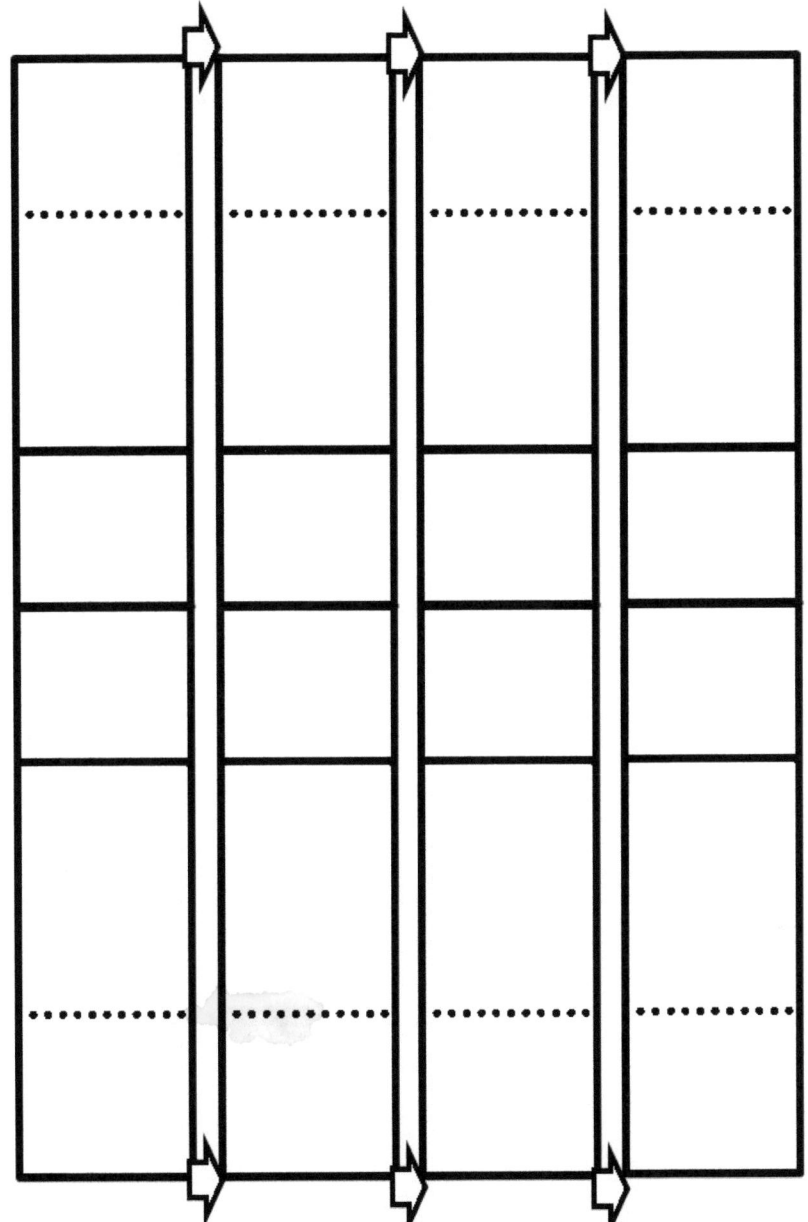

Weitere Bücher von Theo von Taane

- Happy – Wünsch dir was! ISBN: 9783734728570
- Tennis Witze Knallbonbons ISBN: 9783732296490
- Tennis Postkarten Kalender ISBN: 9783734741289
- Witze rund um Volleyball ISBN: 9783734731801
- Witze rund um Basketball ISBN: 9783734703824
- Witze rund ums Schwimmen ISBN: 9783734734460
- Witze rund um Schach ISBN: 9783734731658
- Witze rund um Tischtennis ISBN: 9783734731648
- Witze rund um Eishockey ISBN: 9783734730716
- Witze rund ums Fechten ISBN: 9783734731976
- Witze rund um Handball ISBN: 9783734731690
- Witze rund um Badminton ISBN: 9783734732875
- Witze rund um Karate ISBN: 9783734731666
- Witze rund um Judo ISBN: 9783734731674
- Witze rund um Golf ISBN: 9783734731704
- Witze rund um Fußball ISBN: 9783734731712

u.s.w.

Von Theo von Taane gibt es auch viele Rätsel-, Witze- , Spiele-, Ausmal- und Notizbücher Bücher zum Thema MINECRAFT.

Des Weiteren bietet Theo von Taane Taktikboard und Trainingsbücher auch zu folgenden Sportarten an:

- Badminton
- Baseball
- Basketball
- Bowling
- Cricket
- Eishockey
- Fechten
- Feldhockey
- Fußball
- Futsal
- Handball
- Lacrosse (w)
- Lacrosse (m)
- Netball
- Rugby
- Schach
- Squash
- Tennis
- Tischtennis
- Volleyball
- Wasserball

u.v.m.
Einfach nach ‚von Taane' im Webshop suchen um
sich die mehr als 200 Theo von Taane Bücher anzeigen zu
lassen.

Theo von Taane

Fechten 2 in 1
Taktikboard & Trainingsbuch

Das 2 in 1 Taktikboard & Trainingsbuch zur schnellen Erstellung von coaching Anweisungen/Kampftaktiken und -plänen, enthält nicht nur sportspezifische Vorlagen (Fechtbahn und Raum für Notizen), sondern verfügt auch über eine wieder beschreibbare Fläche (Cover des Buchs), welche mit handelsüblichen whiteboard Stiften beschrieben werden kann und trocken abwischbar ist.

VORTEILE:
- Taktikbuch mit sportspezifischen Vordrucken (Fechtbahn) zum schnellen und einfachen Skizzieren von Wettkampftaktiken/Übungen.
- Sind alle Seiten des Buches aufgebraucht, lässt sich das Cover unter Nutzung von whiteboard Stiften als Taktikboard unbegrenzt weiternutzen.
- Durch das handliche Format sowohl unterwegs als auch vor Ort zum Wettkampf oder Training nutzbar.
- Ideal zum spontanen Sammeln von Trainingsideen oder als Gedankenstütze.
- Ideal um dem Fechter durch schnelles Skizzieren der Übung den geplanten Trainingsablauf begreifbarer zu machen.
- Ideal zum Festhalten von geplante Kampfabläufen, um sie sich kurz vor dem Wettkampf oder währenddessen wieder ins Gedächtnis zu rufen.

Bibliografische Information der Deutschen Nationalbibliothek:
Die Deutsche Nationalbibliothek verzeichnet diese Publikation in der Deutschen Nationalbibliografie; detaillierte bibliografische Daten sind im Internet über http://dnb.dnb.de abrufbar.

© 2016 Theo von Taane; 1. Auflage

Texte und Illustrationen: **Theo von Taane**

Herstellung und Verlag: BoD – Books on Demand, Norderstedt

ISBN: 9783739231372